ALGUÉM FUROU A FILA

Coletânea de Casos Sobre os Bastidores de Recursos Humanos

Organização:
Nadia Darwiche

Textos:
Nadia Darwiche, Lúcia Madeira, Marisa Espíndola, Vania Sundfeld, Cláudia Fernandes, Jussara Xavier, Maria Teresa Scofano, Andrei Helayel, Delaíse Pimentel, Eliza Castanheira, Valter Freire, Aline Lima, Márcio Sant'Anna, Eduardo Almeida e Cláudia Peres.

Capa, projeto gráfico e editoração:
Susan Johnson
susan.livroselivros@gmail.com

Ilustração na capa:
Image by Gordon Johnson from Pixabay

nadiadarwiche@gmail.com
https://www.linkedin.com/in/nadia-darwiche-10b6715
Nadia.Darwiche
Nadia Darwiche

ALGUÉM FUROU A FILA

Coletânea de Casos Sobre os Bastidores de Recursos Humanos

Nadia Darwiche

QUALITYMARK

Direção Editorial	Produção Editorial
SAIDUL RAHMAN MAHOMED editor@qualitymark.com.br	**EQUIPE QUALITYMARK**
Capa, Projeto Gráfico e Editoração	Ilustração da Capa
SUSAN JOHNSON	**GORDON JOHNSON FROM PIXABAY**

CIP-Brasil. Catalogação-na-fonte
Sindicato Nacional dos Editores de Livros, RJ

D248a

Darwiche, Nadia
Alguém furou a fila : coletânea de casos sobre os bastidores de recursos humanos / Nadia Darwiche. – 1. ed. – Rio de Janeiro : Qualitymark Editora, 2021.
96 p. : il. ; 21 cm.

ISBN 978-85-414-0403-7

1. Administração de pessoal. 2. Desenvolvimento organizacional. 3. Comportamento organizacional. I. Título.

21-71318 CDD: 658.3
CDU: 005.95/.96

Leandra Felix da Cruz Candido – Bibliotecária – CRB-7/6135

2021
IMPRESSO NO BRASIL

Qualitymark Editora Ltda.	www.qualitymark.com.br
Rua Carlos Machado, 155 – sl. 207	E-mail: quality@qualitymark.com.br
Polo Cine e Vídeo – Jacarepaguá	Tels.: (21) 3597-9055 / 3597-9056
CEP: 22775-042 – Rio de Janeiro – RJ	Vendas: (21) 3296-7649

DEDICATÓRIA

Dedico este livro a todas as pessoas que interagiram comigo de alguma forma, somando com vivências e percepções, inspirando-me a contribuir com as habilidades de que disponho para compartilhar conhecimentos.

Especialmente a meus pais, que chegaram de uma das terras mais antigas da civilização, a Síria, para semear suas experiências em uma nova terra abençoada, o Brasil.

À minha filha Natalia, com toda sua determinação, energia e brilhantismo para realizar seus planos. Ao meu filho Erico, que desde cedo se direcionou para novas formas de comunicação não convencionais por meio de jogos na internet. Ao meu marido Geraldo, pela paciência e apoio aos meus projetos de vida.

Destaco aqui as novas amizades que o isolamento social forçado pela pandemia em 2020 proporcionou, por meio das redes sociais virtuais, em especial Delaíse Pimentel, da CONFRARIO RH.

Agradeço a todos que colaboraram com seus depoimentos, confiando suas palavras e seu tempo para a realização desta coletânea. Sinto-me representada por vocês, profissionais e amigos que ficarão registrados neste trabalho e no meu coração.

SUMÁRIO

PREFÁCIO

Sempre que ministro cursos e *workshops* sobre seleção por competências, apresento uma história de um pai que desafia seus quatro filhos a viajar até uma árvore, em local distante, porém em estações diferentes: verão, outono, primavera e inverno. Ao final das jornadas, ele reúne os filhos e pede que cada um relate o que viu. E, pasmem, os filhos viram árvores completamente diferentes.

A reflexão que a história provoca tem a ver com os processos seletivos e a performance dos selecionadores: é preciso estar preparado para ver, enxergar as quatro estações de cada candidato de forma a ter uma visão global (sistêmica) das competências que ele nos traz.

A seleção é um processo que deveria ser um dos mais cuidadosos, planejados e analisados em todos os seus passos: da definição da vaga ao recrutamento. Temos consciência de que ainda é necessário aperfeiçoar e investir em novas formas de abordagem e análise de perfis para chegar à excelência. É uma realidade incontestável que precisamos mudar o que deve ser mudado e melhorado.

No livro *Alguém Furou A Fila – Coletânea de casos sobre os bastidores de Recursos Humanos*, Nadia Darwiche traz com maestria diversos relatos que retratam nossa realidade. Alguns de sucesso e outros que nos fazem repensar a forma de atuar nos processos seletivos.

O conteúdo instiga reflexões sobre o papel do selecionador, posturas e atitudes assertivas, além de ressaltar temas atuais como cotas de PcD, programas híbridos durante a pandemia, etarismo, importância do retorno (*feedback*) aos candidatos, entre outros.

A leitura desta obra é fundamental para aqueles que têm como missão proporcionar oportunidades de trabalho e a realização das pessoas.

Vale a leitura e as reflexões que ela provoca.

Maria Rita Gramigna

Escritora, Professora e Presidente da MRG – Consultoria e Treinamento Empresarial e do IGP – Instituto de Gestão de Pessoas

APRESENTAÇÃO

Sincronicidade é o termo que define o ponto de partida para escrever este livro. O Psicólogo Carl Gustav Jung descreveu pela primeira vez essa palavra durante o seminário *Dream Analysis* em 1928. Porém, somente 24 anos depois, Jung escreveu o texto *Sincronicidade: um princípio de conexão acausal*, referindo-se a "eventos que se ligam entre si devido a seu significado, um elo que não pode ser explicado por meio de causa e efeito"[1].

Se o acaso não existe, há um propósito nas coincidências significativas. Foi por meio de um grupo de WhatsApp, CONFRARIO RH, durante a primeira fase da pandemia, que aceitei o convite para participar de um desafio proposto por Maria Rita Gramigna[2] sobre jogos corporativos. Lembrei-me de que, 20 anos atrás, eu havia participado de um debate no site www.rh.com.br com Maria Rita, sobre Seleção por Competências.

As coincidências continuaram e me inspiraram a escrever o artigo no LinkedIn *Alguém furou a fila*"[3] que foi o ponto de partida para escrever esta coletânea de depoimentos.

---

1 https://cartasdepsicologia.com.br/sincronicidade

2 Gramigna, MR *Manual de Jogos de Empresa*, MRG, 2019

3 Artigo publicado no LinkedIn em 06/12/2020
https://www.linkedin.com/pulse/algu%C3%A9m-furou-fila-nadia-darwiche/

Simultaneamente, iniciou-se um debate na mídia e nas redes sociais sobre casos de pessoas que furaram a fila de prioridade para a vacinação, com a chegada das vacinas imunizantes contra a Covid-19.

A convergência de situações, mesmo quando de naturezas distintas, surpreendem e fazem com que nossa percepção se aprume em determinados eventos, sincronizando a vivência pessoal e profissional ao ambiente, ao tempo e à época em que estamos inseridos.

A proposta desta coletânea é reunir alguns casos vivenciados no mundo corporativo, levando à reflexão sobre a necessidade de novas práticas, em um mundo que precisa se reinventar.

Ao mesmo tempo, trata-se de uma homenagem a profissionais que atuaram no mercado corporativo, atravessando épocas de grandes mudanças, com o desafio de identificar talentos em um cenário competitivo, mas que nunca abriram mão de sua idoneidade.

Profissionais que se mantêm resilientes, íntegros e flexíveis independentemente do contexto ou situação, que ao selecionar pessoas para uma posição, analisam, refletem e avaliam, colocando-se no lugar dos candidatos, como se estivessem passando pela mesma situação. Foi assim que aprendi o significado de **empatia**.

Quando estava na graduação de Psicologia, talvez por já estar inserida no mercado de trabalho como estagiária da área de Recursos Humanos, achava as matérias de Psicologia do Trabalho e Organizacional entediantes. Depois compreendi que a prática atropelou a teoria, pois eu precisava dar resultados rápidos na minha rotina dentro de uma organização.

Dessa forma, espero que esta coletânea de casos relatados por profissionais que vivenciaram tantas mudanças sirva como uma contribuição para aqueles que desejam trabalhar nessa área.

Espero também que possa servir de incentivo para aquelas pessoas que buscam uma colocação ou recolocação profissional. Que sejam resilientes e perseverantes para alcançar os seus objetivos.

A bagagem que carregamos contribuirá muito e será valiosa para essa nova jornada. Pois a virada que ocorre agora no mundo está sendo a mais radical de todas as transições pelas quais já passamos.

Os sentimentos, as atitudes, os erros e acertos, enfim, tudo o que conseguimos aprender e adaptar para a mudança do tradicional para o moderno poderá nos tornar pessoas melhores para nós mesmos e para quem está em nosso entorno, em nosso país, em nosso planeta.

INTRODUÇÃO

QUE FILA É ESSA?

Coisas inusitadas acontecem num processo seletivo para a escolha de um profissional. Para cada oportunidade aberta no mercado de trabalho, há uma fila, que pode ser uma fila física ou virtual. Há filas para emprego na porta de empresas, sindicatos e instituições diversas. Há filas para concursos públicos. Há filas em concorrência de empresas para ganhar um projeto ou contrato de prestação de serviços.

O profissional que está em busca de uma oportunidade ou que se sente atraído por novos desafios, quando se depara com uma fila, precisa estar preparado. Como ressaltou certa vez a apresentadora americana Oprah Winfrey, "sorte é quando você está pronto quando a oportunidade vem".

A área de Recursos Humanos é responsável por desenvolver, integrar e engajar outros setores para a transição de atividades tradicionais e conservadoras, para atividades inovadoras.

O grande desafio em RH veio com a chegada dos sistemas tecnológicos. Precisou reaprender e ao mesmo tempo ser o facilitador para a mudança organizacional. A mudança mais desafiadora é sobre comportamentos.

Agora, definitivamente tudo se intensifica com as redes sociais, *home office*, robótica. Justamente a área que, por princípios, busca o contato "olhos nos olhos", precisou se adaptar ao mundo digital e preparar as outras áreas para receber as novas tecnologias.

Mudanças tecnológicas sempre impactam imediatamente em todos os setores da vida e nos negócios. Mas o comportamento humano, por mais que se invista em sua capacitação, requer um tempo para o aprendizado, assimilação e prática.

Algumas empresas já ensaiavam o trabalho *home office* antes da pandemia. Alguns empreendedores também já tinham iniciado uma nova forma de trabalhar virtualmente. Mas a virada efetiva teve de acontecer numa velocidade e proporção inesperadas. Caso ainda houvesse resistências às mudanças, o divisor de águas foi a pandemia da Covid-19 em 2020.

Tudo o que aprendemos até essa "virada" servirá de alguma forma? Teremos de descartar experiências, diplomas, títulos, comportamentos para começar tudo do zero? A verdade é que nunca ninguém está completamente pronto, pois a vida é movida por imprevistos. Mas a nossa vivência e conhecimentos, quando bem direcionados, serão sempre agregadores.

Quando se abre um processo seletivo para uma oportunidade profissional, o que se busca, além dos requisitos técnicos, são competências que nem sempre estão explícitas. Mesmo quando as competências são avaliadas com precisão, dependem de um processo decisório vulnerável a diversas situações.

As empresas precisam cada vez mais de visibilidade e reputação a fim de captar as competências necessárias que viabilizem o alcance de suas metas. Para atrair talentos dessa nova geração, uma vitrine sem conteúdo não convence.

Por outro lado, os candidatos também precisam ter visibilidade e alguma reputação ou conteúdo para se destacar e melhorar sua posição na "fila".

As oportunidades que surgirem nestes novos tempos terão critérios cada vez menos convencionais, sendo necessário estar preparado para enxergar aqueles desafios que fogem de um padrão estabelecido pelo mercado de trabalho tradicional. E é isso que o novo mercado está exigindo: mudança de fato, migração de oportunidades para novas áreas e novas formas de atuação.

Há diversas opções que as redes sociais propiciam por meio da tecnologia para que as pessoas se destaquem. Assistir a palestras, debates e cursos pela *internet*, acompanhar a rede social de profissionais influentes etc.

Há novas trilhas de carreira e atalhos para acesso às oportunidades. Ainda assim, muita gente boa resiste e se esconde como uma pérola numa concha, evitando a exposição, sem iniciativa para se mostrar visível.

Quando decidi publicar esta coletânea, fiz o convite a diversas pessoas que fizeram parte de minha trajetória profissional em momentos e épocas diferentes. O que temos em comum é pertencer a uma geração de profissionais privilegiados por termos trabalhado em tempos de muitas mudanças e inovações.

Contribuímos para implantar tecnologias de ponta, mudar as estruturas organizacionais e culturais, experimentamos as melhores práticas de gestão e transição do tradicional para o que era mais adiantado tecnologicamente. Tudo isso sob pressão de um tempo cada vez mais acelerado, que exigia uma agilidade fora do comum.

Vimos as paredes dos escritórios/departamentos serem derrubadas, integrando as pessoas e as atividades. O trabalho passou a ser entendido como processo e a comunicação precisava fluir com mais rapidez. As divisórias que passaram a separar os setores exigiram uma mudança de comportamento: foi necessário falar mais baixo, diminuir o toque do telefone, ser mais pragmático e informal nos relacionamentos.

Os relatos que se encontram nesta coletânea são como um espelho de cada autor. Escuto a voz desses profissionais brilhantes por meio de suas palavras, que revelam a forma como assimilaram as situações, sob pontos de vista diferentes: a de quem entrevista e a de quem é entrevistado.

Coincidentemente, os primeiros três depoimentos que recebi para esta coletânea foram das três profissionais que mais influenciaram a minha carreira. Trabalhamos juntas em épocas de grandes mudanças, marcadas por transições de gestão administrativa e tecnológica em empresas líderes de mercado à época: Lúcia Madeira da Infoglobo, Marisa Espíndola da Xerox do Brasil e Vânia Sundfeld da Coca-Cola Indústrias.

Todas as situações relatadas nesta coletânea refletem as características pessoais e singulares de cada autor. Alguns de forma mais humorada, outros mais reflexivos ou críticos, mas sempre procurando entender o comportamento de quem está do outro lado. E isso faz toda a diferença.

COLETÂNEA

I

ALÉM DA OFERTA E DA PROCURA

SELECIONANDO VIDAS[1]

LUCIA MADEIRA MORAES

Graduada em Pedagogia pela UERJ, Mestre em Administração pelo IBMEC, foi Executiva de RH em empresas como Infoglobo Comunicações, Fundação Roberto Marinho e Presidente da ABRH RJ.

Escolher o candidato ideal para contratação é uma das tarefas mais difíceis de um profissional de RH. Ao contrário do que se pensa, não é apenas a questão da oferta e da procura que pesa na tarefa.

São os sonhos de ambos os lados, empresa e candidatos, que estão em jogo. Estes constroem desde o primeiro contato uma expectativa em relação ao novo trabalho. Já se veem na empresa, imaginam como será o transporte para aquele local, idealizam uma nova rotina em suas vidas.

Alguns, que estão desempregados ou insatisfeitos no emprego atual, enxergam na oportunidade a solução de todos os seus problemas. No entanto, para cada vaga, as empresas acessam pelo menos dez currículos, entrevistam cerca de três pessoas e o ciclo continua até se encontrar a que mais se aproxima do perfil desejado. Alguém vai ficar de fora. Por outro lado, quem contrata também cria expectativas. Quer alguém parecido com o antecessor, ou totalmente diferente; que combine

1 Artigo publicado pela *Revista Melhor* em 18/07/2011, em: https://revistamelhor.com.br/selecionando-vidas/

com a equipe existente, ou que a instigue. Repensa a estrutura, reformula os requisitos e até desiste.

Vagas também são fechadas, seleções adiadas, devido a movimentos internos e externos. São os fatores subjetivos, mais do que a descrição do cargo, que acabam decidindo a contratação.

Por isso, são inócuas as tentativas de um candidato preterido entender as razões de não ter sido o escolhido. Muitas vezes, são situações que ocorrem dentro das organizações, fora do alcance dos envolvidos, que afetam a decisão: uma mudança de diretoria, um cliente perdido e até mesmo acontecimentos com a equipe que já trabalha na empresa podem afetar a posição em aberto.

De nada adianta o candidato tentar influir no processo, buscando indicações, cobrando um retorno. Não há como eliminar a ansiedade natural do candidato pela resposta, mas ela só virá no tempo da empresa que está selecionando. Tempo que pode parecer uma eternidade para quem espera.

Por tudo isso, selecionar é uma grande responsabilidade. Cabe ao RH tornar o processo o mais transparente e humano possível, respeitando a todos. Muitas vezes, o volume de candidatos e a rapidez do *turnover* sobrecarregam as áreas e consultorias de RH, que nem sempre conseguem dar o retorno e o tratamento adequados a todos os candidatos.

Enquanto a relação ainda é distante, analisando currículos ou pesquisando perfis, a responsabilidade do selecionador é intangível, mas, a partir do momento em que se torna pessoal, não há como fugir do comprometimento. O selecionador absorve toda a energia das dezenas de pessoas com quem faz contato. E elas projetam nele suas esperanças.

Em um mercado aquecido, a balança pode se inverter. São os candidatos que desistem de última hora, escolhendo outra alternativa. Pesam qualidade de vida mais do que o salário e são influenciados pela empatia e valores dos possíveis contratantes. Quem se frustra nesse caso é a empresa, que vai reiniciar toda a busca.

Como tudo na vida, ingressar em um novo trabalho envolve escolhas, a decisão e o sentimento de pessoas, e um pouco de sorte para a convergência de todos esses fatores.

VÍTIMA OU RESPONSÁVEL?

MARISA ESPÍNDOLA

Psicóloga, Terapeuta, Consteladora, *Coach* individual e de equipe, Gestora de R.H. Dedicada há 40 anos ao universo de gestão organizacional e do conhecimento. Atua como *Coach* para executivos e equipe. Já realizou inúmeros *workshops* sobre liderança. Atuou em posições de liderança em empresas como Xerox do Brasil, Claro Brasil e Gerente de RH da PUC/RJ.

Em algum momento de sua vida, você se sentiu perseguido ou vítima?

Pois é... Em minha trajetória profissional, vivenciei vários casos em que o profissional veio a mim se queixar e não aceitar o resultado de um **processo seletivo interno**.

A frase era sempre a mesma: "Tudo carta marcada."

Não posso afirmar com toda certeza que em algum caso não tenha ocorrido isso, mas o relato que farei não se trata de um caso como esse.

Na Instituição em que trabalhei, tínhamos como premissa básica dar oportunidade aos profissionais de planejarem suas carreiras por meio de seleções internas.

A profissional "Eva" (nome fictício) participou de vários processos seletivos para cargos de secretária executiva ou afins e por cinco vezes não foi selecionada.

Da segunda vez em que isso ocorreu, resolveu procurar a área de Recursos Humanos para receber retorno. Chegou muito nervosa e falando alto. A responsável por Recrutamento e Seleção (R&S) explicou a ela sobre as competências técnicas e relacionais que a fizeram não ser escolhida. Ela não aceitou e disse que a razão era que havia alguém já escolhido e que o processo era uma farsa.

E assim ela procedeu todas as vezes que participou e não foi escolhida. Notamos que, embora recusasse a aceitar o retorno recebido, começou a participar dos Programas de Desenvolvimento Técnicos recomendados por nós.

Mesmo assim, continuava a não ser selecionada. Como se recusava a aceitar que havia questões relacionais que a prejudicavam nas entrevistas realizadas, eu e a responsável por R&S resolvemos conversar juntas com ela. Sempre em uma postura defensiva, dizia-se vítima.

Resolvemos fazer um trabalho mais aprofundado, visto que já tínhamos grande percepção e clareza sobre a sua personalidade. Criamos um cenário em que ela se colocou no papel do selecionador e eu no seu papel, de candidata à vaga em aberto. Procurei reproduzir com muita fidedignidade seu comportamento e gestuais. Ela começou a ficar muito incomodada, até que começou a chorar e nos disse que sua filha já havia sinalizado para ela algumas questões apresentadas naquele exercício de troca de papéis que realizamos.

Ao tomar consciência de que ela não era vítima, mas sim responsável, pudemos recomendar que procurasse uma ajuda terapêutica e a convidamos a participar de Programas de Autoconhecimento oferecidos pela empresa mais uma vez.

Ela aceitou e agiu para buscar a ajuda indicada por nós.

Depois de alguns meses, ela veio nos agradecer pelo cuidado e consideração que tivemos com ela e relatar que havia sido selecionada para uma vaga em aberto.

Era nítido perceber a sua mudança comportamental. Já conseguia falar em um tom moderado e se apropriar do seu querer sem se colocar como vítima.

Essa experiência marcou bastante a minha trajetória profissional e reforçou a importância do investimento no autoconhecimento como alavanca de uma carreira promissora.

Sei que se responsabilizar pela própria vida é um ato de coragem e de confiança. Tenho certeza de que não há outro caminho para nos tornarmos adultos saudáveis.

As empresas desligam profissionais muito mais por motivos comportamentais do que técnicos.

Então vamos incentivar investimentos no autoconhecimento. Saia desse lugar de vítima, papel infantilizado, frágil e torne-se um adulto responsável pelos seus atos e escolhas.

Você verá que sua vida dará uma guinada, pois esse é um caminho sem volta. Acredite!

TRABALHO E REALIZAÇÃO PESSOAL

VANIA SUNDFELD

Psicóloga, Pós graduada em Administração e Gerência de RH pela PUC RJ. Trabalhou no Banco Bozano Simonsen, como Analista de RH, na Coca-Cola Indústrias Ltda e Coca-Cola Refresco S.A., como Chefe de Recrutamento e Seleção. Em escola, no Centro Educacional Miraflores Ltda./RJ.

Minha primeira entrevista, meu primeiro emprego depois de formada. A primeira dificuldade foi encontrar a roupa adequada para a entrevista com a Gerência de RH. A segunda dificuldade foi convencer o entrevistador de que, apesar de pouca experiência, eu poderia ser útil.

A entrevista foi marcada para as nove horas da manhã. Apesar da pontualidade, esperei a manhã inteira e não fui atendida. A entrevista foi remarcada para o dia seguinte na parte da tarde. Mais uma vez, esperei até às seis da tarde e não fui atendida. O gerente entregou-me uma folha com uma pergunta escrita à mão para responder em casa e voltar no dia seguinte na parte da manhã. A pergunta era: "Qual a importância de um psicólogo no RH de uma empresa?".

Passei a noite tentando responder à pergunta, e voltei no dia seguinte. Depois de mais uma vez me deixar esperando por horas, me chamou. Olhou, olhou o que havia escrito e disse:

"Apesar de não concordar muito com o que você escreveu, vou admitir você pela persistência. Deixei você esperando muito tempo de propósito para ver até que ponto você queria muito o trabalho e o quanto você era resistente à frustração". Por essa eu francamente não esperava.

Meu segundo emprego, onde fiquei por muitos anos, não tive propriamente uma entrevista. Comecei como temporária e fui efetivada três meses depois para trabalhar com o mesmo Gerente da empresa anterior.

Alguns anos mais tarde, depois de passar quatro anos fora do Brasil, e mais dois anos fora do Rio de Janeiro, me vi mais uma vez na expectativa de uma nova oportunidade de trabalho.

Sabia da dificuldade em retornar para Recursos Humanos, não só em razão do afastamento prolongado, mas também pela idade.

Como havia trabalhado em Creche nos Estados Unidos, acreditei que poderia responder a um anúncio de Coordenadora de Creche.

Fui até o endereço citado para conhecer melhor a escola. Voltei para casa, preparei um resumo de qualificação e experiências e anexei uma carta escrita à mão, que entreguei pessoalmente na portaria da escola.

Tão logo cheguei de volta, minha ajudante avisou que tinham ligado de uma escola deixando um número para que eu ligasse assim que chegasse. Impressionou-me a rapidez da resposta. A entrevista foi marcada para o dia seguinte.

Lá fui eu para um novo desafio. Trabalhei em creche cuidando de bebês, não como Coordenadora. E fiquei imaginando o que teria chamado à atenção na minha história profissional.

Expliquei sobre minha experiência profissional e pessoal para a Diretora, que foi franca em dizer que minha experiência não correspondia às suas expectativas, porém me contrataria pelo meu português. Precisava de alguém que soubesse escrever.

Mais uma vez, o inesperado. E lá fiquei por dez anos. Não tive muitas entrevistas como candidata, porque foram duas experiências de muitos anos de trabalho.

Embora tenha feito um bom trabalho nas empresas em que trabalhei, foi na escola que pude desempenhar meu melhor papel em Desenvolvimento de Pessoas. Nessa escola, pude usar todo o conhecimento adquirido em toda minha vida de trabalho e estudo. Tinha um novo cliente. Um cliente muito especial, a criança. Um trabalho delicado e de muita responsabilidade.

Uma pré-escola, comprometida com o desenvolvimento infantil e treinamento de Pessoal. Comecei então a trabalhar com as funcionárias de forma que percebessem que éramos um time e não um trabalho de grupo.

Bem, não preciso dizer que consegui não quatro berçários, mas um time vencedor, altamente preocupado em fazer o seu melhor. Não eram mais quatro berçários e sim o Time da Creche.

Usei todos os recursos e saberes de anos de estudo e passei todo o conteúdo que havia aprendido ao longo da minha vida, traduzido de forma que pudessem compreender conceitos às vezes complexos para elas.

Certa vez, em um treinamento sobre literatura, lendas gregas, fábulas e histórias e sobre o imaginário infantil, comecei a reunião lendo uma carta endereçada à escola. Uma carta da Emília, a boneca que fala.

Ouviram com muita atenção a carta da Emília na qual ela dizia querer muito conhecer a escola, e saber dos bichinhos, dos duendes, das fadas, dos adultos que brincam com crianças, se a floresta era mesmo e encantada etc. Ela estava muito curiosa e queria fazer uma visita.

Continuei falando sobre histórias infantis e terminei o treinamento. Ao final, ansiosas, indagaram-me: "E a Emília, quando que ela vem nos visitar?".

Respondi que a carta havia sido escrita por mim, pois queria falar à imaginação delas. Nesse momento, elas se levantaram e me aplaudiram de pé.

Tinha conseguido atingir meu propósito. Foram os aplausos mais carinhosos e gratificantes que recebi na minha vida de trabalho.

Trabalhar em Recrutamento e Seleção por muitos anos me fez conhecer pessoas interessantes. Entrevistei muitos candidatos de níveis diferentes, do Gerente ao Auxiliar de Serviços Gerais, com o mesmo prazer e interesse. Sempre gostei de lidar com pessoas e sentia-me gratificada quando o candidato era escolhido. A parte da qual não gostava era a ideia de descartar candidatos, sabendo o quanto todos precisavam e queriam trabalhar.

Mas foi na escola que senti o maior prazer. Transformar pessoas, ensinar e aperfeiçoar seus talentos, sem dúvida é e foi para mim o melhor dos trabalhos.

COLETÂNEA

II

VENCENDO BARREIRAS SOCIAIS E PRECONCEITOS

VOCÊ É PROPRIETÁRIO DO SEU NÃO

CLÁUDIA FERNANDES

Psicóloga com mais de trinta anos de experiência em Recursos humanos, hoje atua com *Coach* e mentoria, especializada em pequenas empresas e reposicionamento de carreira. Foi Gerente Geral de RH na Login Intermodal (Grupo Vale), Supervisora Regional de RH no Grupo Schlinder, Consultora Sênior na Affero.Lab, além de atuar como BP na VIVO, OI e Infoglobo (Grupo Globo).

Mesmo trabalhando em Recursos Humanos, em muitos momentos se está do outro lado como candidato(a). E como candidato(a)s, passamos pelos mesmos obstáculos, problemas, adversidades e até desrespeito, tão falados por ai. Talvez uma pequena história sobre o que já passei possa ajudar a refletir sobre a propriedade do "não", que também se pode dar a um processo no qual se toma parte.

A consultoria contactou-me para uma posição de gestão em uma empresa de aviação que tinha como finalidade maior treinamento e operações em solo de profissionais do segmento. Ficava perto do aeroporto internacional, um lugar remoto e de difícil acesso. Duraria o dia inteiro, com várias fases e muitas atividades, finalizando em uma entrevista com a Diretora da área e líder desse profissional a ser contratado.

Cheguei no horário, claro, sendo recebida por uma integrante da equipe que seria minha guia durante todo o processo. Fiz a primeira entrevista com ela. A seguir, um teste de raciocínio lógico, emendando com um teste de cultura geral e específica em recursos humanos. Pausa para o almoço lá mesmo no local. Foi me apresentado um exercício em inglês, além de uma entrevista por telefone no mesmo idioma.

A cada fase, eu deveria esperar o resultado positivo para seguir no processo. Sucesso em todas. Em meu pensamento só passava uma pergunta: "tudo isto é mesmo necessário?".

A última etapa era a entrevista com a Executiva Financeira, ao qual a área de RH estava ligada. A profissional estava no último mês de gravidez, e o gestor escolhido seria seu substituto. Entendendo a delicadeza da escolha, preparei-me para uma conversa mais profunda e assertiva.

Tudo dentro do esperado: "fale-me sobre sua história", "fale-me por que quer essa posição", "quais seus ganhos mais significativos", "seus pontos fortes". Eu respondi tudo. E citei como um ponto forte minha facilidade de criar vínculos e relacionamentos. Nem tinha terminado a frase, veio a pergunta: "Se você é tão boa em relacionamentos, por que nunca se casou?".

Pensei em uma resposta bem malcriada, mas achei que não valia a pena. Apenas respondi que nunca tinha pensado sob aquele aspecto e ligado aqueles pontos. "Por que nunca se casou?", insistiu.

Entendi que precisava ser bem direta. "Não me casei porque não encontrei quem valesse a pena para abrir mão do que já tinha conseguido."

O próximo questionamento foi: "E filhos, não são uma conquista?". Respondi, já no limite com aquela invasão: "Filhos para mim são consequência de um relacionamento saudável e amoroso. Como entendi que AINDA não encontrei isso, não tive filhos".

Depois disso, mesmo que aquela posição me fosse oferecida, quem não aceitaria seria eu, por todo esse episódio, com excessos e pouco respeito a mim, candidata.

E reforçando o que coloquei no início, nunca se esqueça que seleção é para os dois lados escolherem. E o "não" é sua propriedade, sempre. Use com bastante firmeza e não tenha medo de declinar algum processo em que você não se sentiu respeitado, acolhido ou entendido.

É FILA, O PRÓXIMO! O OLHAR PARA AS PcD

JUSSARA XAVIER

Pedagoga, Orientadora Educacional, formada pela UFRJ. Especialista em Testes e Medidas, pela Fundação Carlos Chagas/SP; Pós-graduada em Administração de Recursos Humanos, pelo ISEP/RJ, Especialista em Gestão de Pessoas, pela FIRJAN/SENAI. Profissional da área de Recursos Humanos por aproximadamente 40 anos. Há 16 anos à frente da Motivendas, consultoria especializada na orientação/preparação das empresas, das Pessoas com Deficiência (PcD) e reabilitados pelo INSS no mundo do trabalho.

O olhar para as Pessoas com Deficiência (PcD) antes da Lei 8.213/91 era assistencialista, protecionista. A aposentadoria por invalidez garantiria às PcD um benefício, um amparo financeiro vitalício. As PcD eram consideradas inválidas. A inexistência de perspectiva laborativa não impulsionava as PcD a almejar uma profissão.

A Motivendas já existia, com foco na motivação das pessoas e os clientes começaram a demandar ações voltadas para a inserção de PcD no mercado de trabalho. Foi nesse contexto que dei início à minha atuação com a Diversidade, especificamente no que diz respeito às PcD, atendendo uma determinada empresa multinacional do segmento de máquinas pesadas, no ano de 2007.

A empresa estava iniciando o seu programa de inclusão. Eram inúmeras vagas para Assistente Administrativo, com salário em torno de R$ 1.500,00 (hum mil e quinhentos reais). A graduação concluída, ou Ensino Superior em curso, era requisito para o preenchimento da vaga.

Àquela época, não havia tantas PcD com Ensino Superior em curso, muito menos com a graduação concluída. Em determinado momento, os candidatos tinham o perfil comportamental e a experiência para o cargo, mas a escolaridade dos interessados nas vagas se limitava ao Ensino Médio completo. Diante dessa situação, com o propósito de orientar a empresa, fiz a seguinte proposta:

"Estamos no mês de junho. Que tal propor a contratação ao candidato que preencha os requisitos para o cargo, mesmo que ainda não esteja cursando a faculdade, com a condição de que no mês de agosto, no transcurso do período de experiência, ele apresente o comprovante de matrícula em alguma faculdade?".

Felizmente, a empresa acatou a sugestão. Trabalhar com PcD, mais do que em outros processos seletivos, requer uma atuação junto às empresas para orientá-las, prepará-las, conscientizá-las e sensibilizá-las para acolherem as PcD com dignidade, nos diferentes ambientes de trabalho.

Iniciados os contatos com os candidatos escolhidos pela empresa, obedecendo a ordem de prioridade estabelecida, o primeiro candidato convocado reagiu da seguinte forma:

— Ah! Eu quero a vaga para ganhar mais. Se eu tiver de pagar a faculdade, já não vai me interessar.

O candidato deixou passar a oportunidade, não foi visionário e não se lançou ao desafio. A reação da consultoria foi espontânea e imediata:

— É fila, o próximo!

Registramos que se passaram 13 (treze) anos, e o primeiro candidato que não aceitou a proposta permanece até hoje apenas com o Ensino Médio completo.

O segundo candidato que aceitou o desafio, Francisco, trata-se de PcD Motora. Tem sequelas definitivas no membro inferior direito (pé) decorrentes de Síndrome de Guillan Barre. À época, tinha 32 anos e morava em Fonseca, Niterói. Aparência saudável. Estatura bem acima da média. Simpático. Voz imponente. Comunicação e expressão muito boas: clara, precisa, objetiva.

A empresa fica localizada no Bairro de Fátima/RJ. Entre Fonseca/Niterói e o Bairro de Fátima/RJ, tem a Ponte Rio-Niterói. Francisco tem uma deficiência motora, no pé, o que interfere na sua marcha.

No intervalo de tempo entre o ingresso na faculdade e a conclusão do curso, por duas vezes ele ficou sem trabalho, necessitando interromper o curso por falta de recursos financeiros. O mais importante é que ele não desistiu. Foi persistente.

Hoje, Francisco é Bacharel em Direito, graduou-se em 2014.

A Consultora teve a honra de ser convidada e esteve presente, com muito entusiasmo, à colação de grau de Francisco.

Em 2013, Francisco foi contratado por outra empresa, no cargo de Assistente de RH. Atua nos processos de demissão, apoia a área jurídica na digitação de petições, lança processos no sistema da empresa, comparece a audiências como preposto da empresa.

ETARISMO: O OUTRO LADO DA MOEDA

MARIA TERESA SCOFANO

Atualmente, com 55 anos, mãe de duas moças incríveis, ama fazer trilhas, mergulhar e conhecer novos lugares. Psicóloga, com MBA em *Marketing* pela FGV, extensão em Gerenciamento de Projetos e *Coach* pelo International Coach Institute. Experiência em Recursos Humanos, Gestão de *Call Center* e Gerenciamento de Projetos.

No ano de 2008, trabalhava como gestora de RH para uma empresa de Logística no Rio de Janeiro. O processo seletivo era feito pela equipe, quando necessário eu também aplicava dinâmicas e realizava entrevistas. Durante a seleção na parte da manhã de uma turma de candidatos para Operador de Empilhadeira, percebi que as pessoas chegavam muito cedo para assegurar a participação nas dinâmicas. O teste prático invariavelmente ficava para a parte da tarde, porque o horário de almoço do encarregado era intransferível.

Questionei-me como poderíamos fazer diferente, pois as pessoas que buscavam recolocação, certamente não estavam preparadas financeiramente para um almoço fora de casa. Imediatamente, solicitei à diretoria financeira e de operações a concessão de almoço para os candidatos. Ponderei que a necessidade de compactar o processo em um dia era nossa, o almoço intransferível era do nosso encarregado, e que os candidatos não deveriam ficar em situação constrangedora ou inferiorizada por não estarem alimentados.

Conseguimos assim a liberação de almoço, sempre que necessário, e estendemos uma forma de boas-vindas para todos que chegavam aos processos seletivos pela manhã. A partir desse momento, disponibilizamos uma garrafa de café bem quentinho e biscoitos; preocupação genuína com quem saíra de casa sem um cafezinho para levantar o astral e a energia vital, em momento tão importante.

Carrego em minhas lembranças o olhar de agradecimento daquelas pessoas, daqueles profissionais extenuados pela dificuldade da recolocação imposta pelo mercado de trabalho, acolhidos por um simples gesto de oferecer um café gostoso, bem quentinho, com biscoitinhos.

O outro lado da moeda: no ano de 2011, com 45 anos, estava recém-separada e em busca de recolocação em Recursos Humanos; momento desafiador e sensível devido à idade. Diversas, vezes participei de entrevistas e processos dos quais não recebi qualquer tipo de retorno, positivo ou negativo. Entre estes, a experiência mais marcante foi o convite de uma grande empresa chinesa de tecnologia, recém-chegada ao Brasil.

Para a minha surpresa, o executivo chinês que conduziu a entrevista tinha uma pronúncia muito difícil em inglês. Apesar da barreira de comunicação, ouvi com cortesia e atenção para compreender as perguntas, sem causar sinais de desconforto. Infelizmente, quando as respondia, ele não me entendia. A situação foi se agravando a tal ponto que o gerente de RH, brasileiro, passou a repetir as mesmas palavras, tentando obter uma mínima compreensão.

Após dez minutos de tentativas frustradas, o executivo se levantou, falou algo em chinês com o gerente de RH e saiu intempestivamente da sala, sem me direcionar uma palavra. O gerente de RH desculpou-se, talvez envergonhado pela atitude deselegante, mas agradeceu alegando apenas que havia outro candidato em vista.

Serena, mas com bastante firmeza e orgulho, expressei minha indignação. Lembrei-lhe que havia sido convidada para o processo seletivo, compareci pontualmente, entreguei todos os documentos solicitados, comuniquei-me educadamente e de forma correta no idioma solicitado. Sem qualquer resposta ou explicação, o entrevistador apenas retirou-se da sala.

Naquele momento, precisava muito da colocação, mas confortou-me a certeza de que aquele preço seria demasiadamente alto. Jamais seria feliz em uma empresa que não praticava o básico: respeito pelas pessoas.

Após 18 meses de jornada, com processos seletivos agravados pelo etarismo e recorrente falta de retorno, fui convidada a atuar em uma nova área, que me proporcionou grandes desafios e realizações. Atualmente, gerencio projetos em uma multinacional que marcadamente valoriza a liberdade de expressão e a diversidade.

Em julho de 2021, completo dez anos nessa empresa.

COLETÂNEA

III

REGRAS, REQUISITOS E *FEEDBACKS* TRANSPARENTES

GOOGLE É O MEU PASTOR E NADA ME FALTARÁ

ANDREI HELAYEL

Profissional de Recursos Humanos, ciclista inveterado e fotógrafo amador. Engenheiro de Produção por formação, com MBA em Gestão Estratégica de RH. Ao longo de mais de 20 anos de atuação em RH, passou por empresas dos mais diversos portes e segmentos. Transferido algumas vezes, chegou a morar em sete cidades e quatro estados diferentes. Nesse período, desenvolveu uma larga experiência, principalmente em remuneração, benefícios, orçamento, estrutura e planejamento de mão de obra. Capacitação em Black Belt, com foco para resolução de problemas, desenvolvimento e padronização de processos relacionados a RH.

Já participei de muitos processos seletivos, seja como candidato, entrevistador, seja como mero ouvinte, e já vi de (quase) tudo durante as entrevistas e soube de outros tantos "causos".

Certa vez, assisti a um gestor encerrar a entrevista com poucos minutos e dizer para o candidato que estava claro que ele não servia para a posição. Um tanto impactante para mim na ocasião, mas, hoje, entendo que foi o certo a fazer. Sem enrolação, *feedback* claro, direto e objetivo e sem perda de tempo para nenhum dos lados.

Por outro lado, já vivenciei entrevistas tão boas que uma proposta foi apresentada antes mesmo do seu fim.

Ao longo dos anos, pegamos o jeito, conseguimos identificar os perfis das pessoas logo no começo da entrevista e aprendemos a lidar com situações inusitadas e com pessoas tão confiantes e cheias de si que parece mais que elas é que estão nos entrevistando, ou com aquelas desesperadas e capazes de tudo para conseguir uma vaga de emprego.

Mas confesso que fiquei sem ação quando uma candidata, sem a menor cerimônia, pegou o celular para pesquisar sobre a empresa, na minha frente, para responder às perguntas ou a fim de se mostrar conhecedora do segmento. Até para responder questões de cunho pessoal/comportamental, ela recorria às ferramentas de busca! "Só um minutinho porque a minha *internet* está meio lenta aqui nesta sala e preciso ver qual a melhor resposta para esta questão".

O mais curioso é que ela fazia aquilo como se fosse algo muito natural, e fiquei pensando se não seria uma técnica "moderna" e eu que estava por fora. Ofereci a ela a senha do *Wi-Fi*. Mas apenas para agilizar o processo e me livrar logo daquela situação um tanto constrangedora. A partir de certo ponto, parei de prestar atenção nela e só ficava imaginando as diversas situações da vida em que ela recorreria ao celular. Nem me lembro como encerramos a entrevista!

A IMPORTÂNCIA DO *FEEDBACK*

DELAÍSE PIMENTEL

Mestre em Sistemas de Gestão pela UFF/RJ, profissional de Comunicação há 30 anos e T&D há 22 anos. Especialista em Gestão de RH e em Neurociência e Comportamento pela PUC-RS. Professora convidada da UFF/RJ, Palestrante e Consultora especializada em Educação Humana na Empresa. Atua hoje como Consultora de T&D da HSM do Brasil.

Eu estava disponível no mercado e uma amiga me chamou para fazer uma grande seleção com ela. Eu precisava trabalhar e a "grana extra" apareceu em boa hora. Atenderíamos uma empresa de telefonia na época. O RH fazia parte do meu escopo de trabalho e seus subsistemas também, mas, algumas coisas me bloqueavam quando se tratava de R&S e, nesse dia, essas "coisas" ficaram tão afloradas que tomei a decisão de parar e focar em T&D.

Estávamos no último grupo do dia e da "sequência" de cinco dias inteiros de seleção. Conforme acordado com o empregador, seguíamos as regras do perfil e aplicávamos nossa *expertise* na seleção dos candidatos mais adequados às vagas disponíveis. Tudo corria bem.

No último grupo, no entanto, depois das etapas todas realizadas, a minha parceira e coordenadora do trabalho recebeu uma ligação da empresa contratante avisando que todos os candidatos aprovados que tivessem sido funcionários da concorrente "X" não seriam aproveitados e, que, nesse último grupo, nós já deveríamos "descartar" os que tivessem esse "agravo".

Juntamos os currículos já selecionados e, com coração partido, tivemos de eliminar mais três pessoas. Eram ótimos candidatos que haviam se saído muito bem em todas as etapas. Foram excelentes no processo. Que dor.

Voltamos para a sala e minha amiga ficou incumbida de dizer os nomes das pessoas que estavam dispensadas. Foi aí que posso afirmar: complicou para mim. Um dos candidatos excelentes, ao ouvir seu nome, deixou a cabeça cair — literalmente —, e junto com esse gesto, suspirava profundamente e balançava a cabeça negativamente. Semblante caído, olhar para baixo... desfigurado.

Eu havia pedido à minha amiga/coordenadora do trabalho que pedisse à empresa contratante que nos autorizasse a dizer o motivo, pelo menos para os que já haviam sido escolhidos, e a empresa nos negou. Fiquei inconformada.

As pessoas citadas foram saindo lentamente... o rapaz era o mais lento. Meu coração de educadora começou a gritar e a me questionar: "Que trabalho era aquele que eu tinha de ver a pessoa — excelente — sendo descartada por um motivo pífio e não podia dizer para ela? Como eu poderia ajudar alguém, deixando esse alguém sem entender nada daquele processo? Como eu dormiria aquela noite sabendo que aquele rapaz estava se sentindo incapaz, quando na verdade foi excelente no processo todo? O que eu poderia fazer para ajudá-lo?"

Em fração de segundos, já sabendo que o processo daquele dia estava encerrado, trabalho terminado, cheguei perto da amiga e disse: "Preciso sair agora e correndo. Amanhã eu lhe explico melhor".

Desci as escadas voando. Precisava ser mais rápida do que o elevador. Consegui chegar ao final, muita gente deixando o prédio, hora de saída do trabalho. Embolei-me no meio das pessoas "caçando" o rapaz. Consegui avistá-lo, corri, chamei-o pelo nome e ele se virou surpreso. Foram cinco minutos de conversa de que eu não me esqueci jamais:

Eu: "Oi, preciso lhe dizer uma coisa para eu poder dormir em paz hoje. Quem está falando com você agora é a Delaíse, só. Não é a recrutadora."

Ele: "Sim, pois não" (assustadíssimo).

Eu: "Preste atenção: você foi muito bem em todo o processo. Você é muito bom. Seus resultados no teste, suas respostas, sua perspicácia em nossas "pegadinhas"... você foi excelente. Sua experiência atende ao perfil. Você é um excelente profissional e já havia sido escolhido, mas recebemos uma ordem da contratante de não aprovar ex-funcionários da empresa "X". Eu lamento profundamente. Siga em frente e não desista. Você é muito bom e está pronto para uma empresa que tenha a visão menos medíocre."

Ele: (inspira, mareja os olhos) "Eu não sei como lhe agradecer por isso. Estava me sentindo um nada. Um incapaz. E, em cinco minutos, você me renovou a alma, e com ela, minhas esperanças. Eu não sei como agradecer.

Eu: "Levante a cabeça, erga o peito, acredite em você e siga em frente. Já terá agradecido.

Depois desse episódio, eu nunca mais aceitei qualquer processo de R&S que não me permitisse dar um *feedback* para os participantes, especialmente os não aprovados. E como a maioria não permite (não entendo até hoje essa postura), raramente atuo nesse segmento. Terminei aquele dia consciente de que, para mim, entre um bom dinheiro de um trabalho e uma noite de sono em paz, escolho sempre dormir bem.

ESTOU PAGANDO...

ELIZA CASTANHEIRA

Reúne mais de 20 anos de experiência em empresas de diversos segmentos, atuando em vários subsistemas da área de Recursos Humanos. Formação em Administração de Empresas, com MBA em gestão de Recursos Humanos pela PUC Rio, Especialização em RH Ágil, Management 3.0 e Formação em *Coach*.

Havia começado a trabalhar em uma consultoria que vendia serviços especializados de tecnologia. Naquele dia, lá estava eu toda animada em reunião com o cliente! Ah! Esqueci de explicar que uma das minhas atividades era participar das reuniões como parte da equipe de RH em conjunto com o gestor da conta e o cliente para entender o perfil de que eles necessitavam, e então descrever, precificar e assim apoiar a área de seleção na busca do profissional no mercado.

Tratativas normais, todos simpáticos, até que o representante do cliente solta a seguinte pergunta: "Quanto vai me custar para eu pagar um salário de R$ 7.000?".

Eu, ainda muito jovem, não entendi a pergunta. Fiz aquela minha cara costumeira de interrogação e perguntei sorrindo: "Então... depende de algumas questões. Precisamos de algumas informações sobre a vaga, entre outras. Vamos falar sobre do que você vai precisar, que tipo de trabalho a pessoa vai executar, qual a linguagem, tecnologia ou ferramenta utilizada etc.". Então, ele respondeu: "Não se preocupe, isso eu administro. O Théo (nome fictício) é a pessoa de que preciso e já combinei com ele que pagaria R$ 7.000!".

Os outros da equipe se mexeram na cadeira e eu falei: "Mas nós precisamos ter tudo isso que perguntei por escrito, pois há um impacto legal por conta de outros que já existem na sua equipe, da estrutura de cargo que temos na empresa e também pelo que aponta no seu contrato que está assinado". E ele respondeu: "Entendo! Acho que tem outro que ganha algo semelhante a esse valor. Pode escrever a mesma coisa, que para mim está ok. Afinal, eu pago o contrato!".

Esta é uma história que parece ficção, mas acontece com muita frequência e impacta todas as áreas de RH!

Há alguns anos, quando eu trabalhava em uma grande corporação, escutava que a terceirização seria o futuro. As empresas especializadas prestariam serviços para as grandes empresas, e isso seria muito bom para os dois lados, pois o trabalho seria de excelência! Como eu fazia as descrições dos cargos, ficava imaginando e meu olho brilhava! Era lindo ouvir!

O futuro chegou! Realmente, a terceirização é ótima para os dois lados e o trabalho é de excelência sim, pois é especializado! Mas, a questão é que quando trabalhamos nesse "mundo novo", precisamos fazer esforço para manter a organização/estrutura da empresa e atender aos "caprichos" dos clientes que, muitas vezes, acham que pagar a conta é o passaporte para determinar o que deve ser feito na casa, ou melhor, na empresa do outro. Afinal, querem que prevaleça aquele jargão de humor bem conhecido: "Eu tô pagando!".

COLETÂNEA

IV

QUEBRANDO OBSTÁCULOS POR MEIO DA EMPATIA E DA ESCUTA

O TESTE DE BANCADA

VALTER FREIRE

Valterci de Souza Freire (conhecido como Valter Freire) nasceu na Bahia e é carioca por adoção. Depois de aposentado, resolveu escrever sobre suas experiências e vivências adquiridas. Publicou contos no livro *Corolários da Alma* e *Memórias Cariocas II*. Publicou também *Três Mulheres, Distintas* e *Encontros na Rua da Lapa*. Trabalhou por mais de 30 anos na área de RH em empresas como Xerox do Brasil, Mesbla e White Martins. Cinéfilo, leitor voraz, flamenguista e apaixonado há 50 anos por Aiza, mãe dos seus dois filhos.

AMB Brasil era uma empresa de comércio e serviços com atuação em todo o país e a sede era no centro do Rio. A diretoria de RH ocupava os dois primeiros andares.

Naquela manhã, Claudia finalizava uma entrevista para mecânico de automóveis para a Unidade de Cascadura. Disse para o candidato:

— Emanuel, já agendei com o Sr. Barbosa para você conhecer a oficina e fazer o teste de bancada, e depois ele dirá se você está apto para o cargo, quando providenciaremos a papelada para admissão, mas somente se você passar no teste. Denise, nossa secretária, passará o endereço, ok?

Passaram-se três semanas e muitas reuniões, entrevistas, habilidades, competências etc. E naquela manhã, Emanuel entrou na sala como um furacão. Suado, olhos esbugalhados, voz alta, comportamento agitado.

D. Claudia, quero falar com a senhora, disse.

Em seguida, tirou uma enorme faca da cintura, colocou com força em cima da mesa. Denise, branca que nem cera, também com olhos esbugalhados, sentada estava e sentada ficou. Mal respirava. Claudia respirou fundo e, disfarçando o medo e a tremedeira, perguntou o que aconteceu para ele estar assim. Emanuel olhou ao redor, viu que outras pessoas estavam observando, paradas e medrosas, e falou:

— D. Claudia, eu fui fazer o teste conforme a senhora falou. Chegando lá, o Sr. Barbosa, aquele *disgramado* dos infernos, me mandou trabalhar na oficina das sete da manhã até o fim do dia por três semanas, dizendo que era o período de teste de bancada. Não me deu nem o vale-transporte, apenas pagava o prato feito no pé sujo ao lado da oficina. Uma comida ruim dos diabos. Desmontei muito motor, limpei carburador, troquei velas, o diabo! E ainda sujei todas as roupas que tinha porque ele não me deu uniforme. E ele é muito mal-educado, grosso, além de botafoguense!

Então, depois desse tempo todo, disse que eu não passei no teste, que não servia para trabalhar e ainda sou gordo! Olha que filho do capeta ele é. Como pode fazer isso? Perguntei pelo salário porque, não sei se a senhora sabe, a escravidão acabou. Vou trabalhar de graça? Ele disse que eu não tinha direito a salário, qualquer coisa que eu falasse com quem me mandou para lá. Eu fiquei com muita raiva.

Esta faca, D. Claudia, não é para enfiar no bucho da senhora, não, porque vejo que é gente boa, é para enfiar no bucho dele se não me pagar. Eu já me preparava para a briga, mas a turma do "deixa disso" não deixou. Se não fosse o *Melecão* e o *Três Cabeças*, os mecânicos mais antigos da oficina, eu não sei o que aconteceria.

Claudia esperou ele desabafar. Disse que o gerente da oficina agiu errado, o que ele fez é errado, a lei não permite isso, a empresa não estava sabendo dessa exploração, o pagamento seria feito naquele dia. "Beba uma água, Emanuel, você está nervoso. Tudo vai ser resolvido". Então ligou para o DP, que prontamente fez os cálculos e rapidamente o dinheiro chegou. E o clima ficou mais leve.

Emanuel contou o dinheiro. Respirou fundo. Guardou a faca na cintura. Obrigado, D. Claudia, a senhora é do bem, mas aquele Seu Barbosa é um capeta. Sabe, D. Claudia, minha mulher está *prenha,* e se nascer uma menina, vai se chamar Claudia, e se nascer um menino, vai se chamar Claudio. E eu queria que a senhora fosse madrinha, pode ser?

Emanuel se despediu. Claudia sentou-se e conseguiu até rir daquele episódio. O coitado é gente boa, direto e simples, pensou. Denise, ainda branca que nem cera, falou que ficou tão apavorada que fez xixi na roupa. O Sr. Barbosa explorava os pobres coitados há algum tempo. Foi demitido. Emanuel nunca mais apareceu.

OLHAR DIFERENCIADO POR MEIO DA EMPATIA

ALINE LIMA

Psicóloga, especializada em Psicopedagogia. Adora fazer trilhas na natureza, é tutora de Sinhá, uma linda gatinha que adotou. Atuou com psicologia organizacional, clínica, comunitária e hospitalar, além de apoio à inclusão escolar. Trabalhou em equipe multidisciplinar com serviço social, onde disseminava orientação e prevenção frente ao risco da diabetes.

A capacidade de incentivar um candidato que pode estar em um dia não dos melhores, podendo assim apresentar desmotivação por conta de problemas e até mesmo cansaço, tem a empatia como uma grande aliada.

Não é um momento de tensão ou de desânimo que define uma pessoa, e um olhar diferenciado de um recrutador pode descobrir um bom candidato, mesmo que seja necessário potencializar esse candidato.

Lembro-me de uma moça, certa vez, que não fez um bom teste de admissão, e ao tomar conhecimento do resultado de não ter conseguido a pontuação necessária, chorou muito. Eu esperei, acalmei a candidata, ofereci água, e conversando, ela me contou da avó com problemas de saúde. Sugeri que ligasse para alguém de casa e buscasse notícias da avó.

A informação era que a avó estava ainda hospitalizada, medicada e sob cuidados médicos. Esperei a candidata se tranquilizar mais um pouco e fiquei conversando. Mencionei que se ela conseguisse a vaga, seria bom para ela e para a família.

Esperei que ela ficasse mais estável e sugeri que tentasse refazer a prova. E mais calma, ela refez a prova e conseguiu a pontuação.

A Inteligência Emocional pode potencializar as atividades dos RH quando geridas primeiramente dentro da própria área que cuida de pessoas.

Segundo Goleman, Inteligência Emocional compete na "...capacidade de identificarmos os nossos próprios sentimentos e os dos outros, de nos motivarmos e de gerirmos bem as emoções dentro de nós e em nossos relacionamentos".

Acredito que a IE seja o alavancador e potencializador de nossas atividades, inclusive vivi isso na pele, pois inúmeros são os desafios dentro e fora do ambiente de RH, levando em consideração que todos temos nossas dificuldades. Algumas vezes fui motivada e incentivada por colegas a insistir e cooperar em projetos, e utilizo da empatia para com candidatos, empoderando-os e tentando resgatar sua motivação.

Inúmeros acontecimentos atravessam o processo de recrutamento e seleção, e em meio a tudo isso, estamos nós, como chave que movimenta toda a engrenagem dos negócios.

Atualmente, trabalho com Psicopedagogia Clínica, com crianças que apresentam dificuldades de aprendizagem e baixo rendimento escolar. Simultaneamente, realizo trabalhos voluntários com pessoas em situação de rua e vulnerabilidade.

Em todas as minhas atuações, trago na bagagem o tempo que trabalhei em RH, "o olhar", tentando enxergar além das condições que são apresentadas, almejando sempre um resultado diferenciado, positivo e eficiente para todos os envolvidos no processo.

QUEM É VOCÊ NO OLHAR DO OUTRO?

MÁRCIO SANT'ANNA

Graduado em História com especialização em História do Brasil. Profissional da área de atendimento há mais de 20 anos em empresas do ramo financeiro e previdenciário. Vivência em processos de treinamento e desenvolvimento de pessoas, bem como seleção de talentos. Atualmente, Supervisor de Atendimento e Multiplicador de conhecimento na Caixa de Previdência dos Funcionários do Banco do Brasil.

Você realmente se enxerga como é? Ou tem uma percepção equivocada de si baseada em determinadas características que considera importantes em um profissional, mas que não pratica no seu cotidiano?

Lembro-me de um candidato que participou de um processo seletivo no qual eu atuei como selecionador há alguns anos. As vagas disponíveis eram para atuar na equipe da central de atendimento de um grande fundo de pensão, portanto buscávamos profissionais com algumas competências específicas, principalmente ligadas ao espírito de equipe e flexibilidade. E foi essa última característica que chamou nossa atenção no já mencionado candidato, uma vez que ele a indicou como um de seus diferenciais ao preencher os documentos para participação da seleção, levando-nos a convidá-lo para a etapa seguinte do processo: a dinâmica de grupo.

Iniciamos a atividade com uma apresentação individual das pessoas presentes, selecionadores e candidatos, na qual mais uma vez o concorrente destacou a flexibilidade nas relações como um de seus pontos fortes. Porém, quando propusemos uma atividade em pequenos grupos, logo tudo aquilo caiu por terra: o trio, no qual esse candidato estava, entrou em discussão acalorada, não pela situação proposta por nós, mas pelo fato de ele não aceitar qualquer opinião de seus colegas e simplesmente querer que somente as suas ideias prevalecessem. O clima entre os membros daquele grupo ficou péssimo e, no momento da apresentação do resultado da tarefa, os dois companheiros reclamaram para a banca de selecionadores da postura do candidato e de sua inflexibilidade. O participante reagiu dizendo que ele não era assim, mas não conseguiu reunir argumentos que demonstrassem o contrário para nós.

Mais tarde, convidamos todos os candidatos a participar de uma pequena entrevista para que pudéssemos avaliar melhor alguns pontos e finalizarmos nossas análises para selecionarmos os aprovados no processo. Escolhemos para o candidato uma pergunta que envolvia novamente uma situação em que a flexibilidade seria necessária, dessa vez dentro da rotina do trabalho, e novamente ele se mostrou extremamente intransigente e resistente para com a situação. Ao final do dia, oferecemos *feedbacks* individuais para todos os candidatos, e para este especificamente, procuramos mostrar como ele não havia se mostrado flexível diante de sua participação nas atividades propostas na dinâmica. Mesmo assim, sua reação foi de incredulidade diante daquilo que foi exposto. Pareceu-me claramente que teve a impressão de estarmos falando coisas que não correspondiam a como ele havia se mostrado para nós. A imagem que ele fazia de si era completamente diferente da que trouxemos em nosso *feedback,* e este não o agradou.

Diante disso, voltamos à questão proposta no início deste relato. É importante, não só no âmbito profissional, mas na vida, estarmos antenados com a forma como os outros nos enxergam. Esse olhar serve para ajudar no nosso crescimento, pode funcionar como um meio de nos vermos através de novas perspectivas. Para muitos, não é um exercício fácil, pois envolve encarar uma imagem às vezes não tão bela como aquela que temos no cérebro, mas é um excelente aprendizado sobre nós mesmos. E vejo os *feedbacks* realizados ao final de seleções profissionais como ferramentas primordiais para contribuir para o desenvolvimento pessoal dos candidatos. Acredito que cada vez mais eles devam ser incluídos nos processos seletivos não só como retorno ao investimento e dedicação dos participantes, mas também como forma de gerar uma experiência positiva deles para com a empresa na qual estão buscando uma oportunidade.

COLETÂNEA

V

AS ENTRELINHAS DE UM PROCESSO SELETIVO

DECOLAR SEM FURAR A FILA

EDUARDO ALMEIDA

Estudou Turismo na Universidade Veiga de Almeida, trabalhou na VASP de 1988 a 1991. Outras empresas em que trabalhou: IESA, Jornal do Brasil, Editora Abril, O Globo, Atento Brasil, TNL CONTAX, TMKT, Copacabana Palace, Supermercados Mundial. Administra os blogs de Eventos, Turismo e RH: *jornalrionoticias.blogspot.com* e *jornalbrasileventos.blogspot.com*

Durante quatro anos, fiz parte da equipe da Viação Aérea São Paulo (VASP), empresa de aviação comercial brasileira que deixou de operar em 2005 e teve sua falência decretada em 2008.

Furar a fila, como se vê em todas as áreas de atuação, parece ser comum nos dias de hoje. Vamos falar da porta de entrada, a área de Seleção e Treinamento, na qual atuei como administrativo, dando apoio a uma Gerente de Recrutamento e Seleção e outra profissional que atuava como Analista de Recursos Humanos.

O Concurso/Seleção para Comissário(a) de Voo era uma vaga muito disputada. Os(as) candidatos(as) precisavam preencher fichas e testes, além de participar de uma palestra e triagem. Mas também tinham de enfrentar uma fila, em que todos queriam chegar primeiro. Eventualmente, surgiam alguns atritos que precisavam ser resolvidos com a ajuda da segurança da empresa e, por vezes, contando com a presença da segurança da VARIG (que era nossa vizinha). Tudo era resolvido sem muito alarde.

Outro fato que chamava atenção era a ansiedade de alguns colaboradores, que nos pediam para "adiantar" o processo seletivo de amigos, conhecidos e/ou parentes.

Somente a direção da empresa poderia adiantar o candidato, passando-o para o início da fila, mas a palavra final era da equipe de Recrutamento e Seleção após o resultado das avaliações: recomendável, recomendável com restrição ou não recomendável.

Atualmente, com a tecnologia de que dispomos e as redes sociais, os processos seletivos estão passando por grandes mudanças.

Todos temos de nos adaptar aos novos tempos. Hoje trabalho com blogs de Eventos, Turismo, RH. Somente *good news!*

QUANDO O PROCESSO SELETIVO FICA NO VÁCUO

CLAUDIA PERES

Bacharel em Ciências Contábeis, Pós-graduada em Gestão de Recursos humanos, casada, tem uma linda filha. Atuante na área há 32 anos e apaixonada pelo que faz. Carreira desenvolvida na área de Recursos Humanos, Remuneração e Benefícios e Administração de Pessoal, Recrutamento e Seleção, Treinamento, Negociação Sindical e Consultoria Interna de Recursos Humanos

O ano era 2015, fui abordada por uma consultora de RH de uma grande empresa de telecomunicações com o convite para participação em um processo seletivo para uma posição gerencial na empresa.

O processo fluiu maravilhosamente bem. Foram quatro etapas, entrevistas com os pares e diretoria de área, todas bem-sucedidas e com *feedbacks* positivos por parte da consultora interna de RH que conduzia a vaga. A última etapa da qual fui convidada a participar consistia em "conhecer" a pessoa que era o par da diretoria a qual me reportaria.

Pois bem, no dia e hora combinados compareci. E para minha surpresa, a pessoa não somente não me recebeu como não recebi posteriormente qualquer tipo de retorno ou informação sobre o fechamento do processo seletivo. Tal fato me faz pensar: alguém furou a fila?

Infelizmente, é comum encontrarmos relatos em redes sociais de pessoas demonstrando seu descontentamento com a falta de retorno em processos seletivos. Em geral, as justificativas dos recrutadores são referentes a características de posições mais generalistas e de grande volume atreladas à urgência das contratações.

Entendo que no meu caso, por ser uma posição gerencial de RH, deveria ter sido levado em consideração exclude outro patamar de atenção. Afinal, tratava-se de uma interação entre profissionais da área de Recursos Humanos!

Jamais poderia imaginar uma situação como esta: uma grande empresa, uma posição gerencial, um processo extenso, com sucesso em todas as etapas anteriores, e um final decepcionante, pois alguém decidiu que não era relevante dar qualquer tipo de retorno à candidata, no caso eu.

O sentimento maior foi o de decepção, não com o insucesso em ocupar a vaga, mas sim em relação ao desrespeito com colegas que atuam na mesma área.

Ingressei em RH muito jovem, sempre gostei de matemática e ciências exatas, isso resume o fato de eu ser uma Contadora que atua em RH. Sou alguém que navega bem nas questões relacionadas a gestão de pessoas x gestão de resultados financeiros.

Coisas simples me satisfazem. Uma pequena viagem, um jardim florido para cuidar e uma horta com ervas frescas ao alcance das minhas mãos são coisas maravilhosas que aprecio todos os dias.

Considero-me uma pessoa humilde, dedicada e confiável.

ALGUÉM FUROU A FILA[1]

NADIA DARWICHE

Um ex-cliente *coachee*, muito desapontado por não ter sido aprovado em um processo seletivo, perguntou-me se deveria solicitar um *feedback* ao entrevistador com a justificativa de se aperfeiçoar e melhorar sua *performance* para próximas oportunidades.

Imediatamente relacionei essa situação à minha própria vivência, no auge de minha carreira, quando participei de um processo seletivo em uma indústria automobilística. Como disse, estava no auge da carreira, pois tinha acabado de sair de uma grande organização, onde implementei projetos bem-sucedidos de Gestão de Mudanças, exatamente o que estavam buscando.

A entrevista com a diretora da empresa foi de total sintonia e identificação, todas as habilidades que precisava para o cargo estavam compatíveis com minha experiência. Saí da entrevista satisfeita e confiante de que a posição seria minha.

O resultado do processo seletivo foi mais demorado do que o esperado, mas veio a resposta, outra pessoa havia sido escolhida. Pratiquei a resiliência, compreendendo que a consultoria que intermediou o processo seletivo não poderia me

1 Artigo publicado no LinkedIn em 06/12/2020 https://www.linkedin.com/pulse/algu%C3%A9m-furou-fila-nadia-darwiche/

passar detalhes sobre a decisão final. E a vida seguiu com outras oportunidades.

Tempos depois, por coincidências da vida, conheci uma pessoa do meio social da diretora, sem relação com a empresa nem com a consultoria. Soube por essa pessoa que a vaga havia sido fechada por um profissional sem as competências desejadas, porém com uma forte indicação.

O *feedback* definitivamente é importante quando é possível fazer de forma clara, genuína e no momento certo. Porém, em algumas circunstâncias, poderá ser um "tiro pela culatra", pois quem não está dentro da situação dificilmente compreenderá certas decisões.

Nem sempre é possível perceber o que está nas entrelinhas dos pré-requisitos de uma oportunidade profissional. Mas é importante perceber as lições a serem aprendidas, mantendo a autoestima elevada e não se deixando abater quando não for a pessoa selecionada para uma oportunidade.

O "politicamente correto" ainda prevalece, apesar das modernas teorias de administração, códigos de ética, palestras e discursos motivacionais. A verdadeira mudança ainda vai acontecer e está próxima. A verdadeira mudança significa pragmatismo, critérios mais transparentes, justos e confiáveis.

DAQUI PRA FRENTE, TUDO VAI SER DIFERENTE?

PÓS-PANDEMIA E O TRABALHO HÍBRIDO

Antes da pandemia, algumas empresas de tecnologia mais avançadas, as empresas emergentes, também conhecidas como *startups*, tiveram a iniciativa de implementar o trabalho remoto, atendendo clientes à distância, muitas vezes com seus colaboradores trabalhando *home office*. O objetivo era atender seus clientes com maior rapidez, reduzir distâncias geográficas, flexibilizando o trabalho com redução de custos de aluguel de salas e transportes.

Fatores externos potencializados com a pandemia da Covid-19 passaram a ser o divisor de águas que transformaram o mundo efetivamente. As mudanças tiveram de ganhar amplitude, quebrando as resistências de empresas e pessoas mais tradicionais, passando a fazer parte do cotidiano.

Muitas atividades e postos de trabalho continuarão a ser extintos, porém, novas oportunidades emergirão para atender às demandas em consequência da necessidade de adaptação aos novos tempos. Soluções rápidas são necessárias para um novo mundo e uma nova forma de atuação profissional.

Com o surgimento de um novo modelo de trabalho, que reúne atividades presencias e remotas, ou seja, uma atuação híbrida, exige-se maior automação nos processos de trabalho, flexibilidade e também garantia para a segurança das informações.

O ambiente de trabalho passa a ser descentralizado, abrindo possibilidades e consolidando a cultura digital definitivamente.

Você está preparado para esse novo cenário? Sente-se motivado para participar de novos desafios no mundo virtual, alternando com atividades presenciais quando necessário? Apresenta-se com disposição para participar de entrevistas, *lives* e processos seletivos virtualmente?

Na realidade, raras pessoas sentem-se totalmente confortáveis quando são entrevistadas ou participam de um processo seletivo presencialmente. Talvez, algumas se sintam mais à vontade para o processo virtual, mas outras ainda preferem participar presencialmente. Alguns profissionais, como os da área de Tecnologia da Informação, pela natureza do trabalho, já estão habituados a condições de trabalho não tradicionais por meio dos meios digitais.

Por outro lado, os profissionais de RH, mais do que nunca, precisam estar atentos e capacitados para garantir a integridade dos processos seletivos, uma vez que as empresas estarão com maior visibilidade no mercado por meio de suas práticas de Governança Corporativa. Regras e pré-requisitos transparentes, inclusão de Pessoas com Deficiência e Pessoas menos favorecidas socialmente, técnicas de recrutamento e seleção adequadas, *feedback* para os candidatos, enfim, comprometimento com todas as partes envolvidas.

O trabalho remoto, imposto pelo distanciamento social durante a pandemia, revelou ainda mais as desigualdades entre profissionais. As discrepâncias relacionadas ao gênero, principalmente mulheres, minorias étnicas, pessoas sem acesso à *internet*, provavelmente agravaram o abismo entre classes e categorias profissionais.

As lições ainda estão sendo aprendidas. Muitos executivos estão buscando mais sentido para a própria vida, considerando também o impacto de suas ações sobre a vida dos outros e da sociedade. O poder da "motivação intrínseca", como sugere Daniel Goleman em seu livro *Inteligência Emocional*, ganha destaque nesse novo cenário.

Definitivamente, tornou-se imprescindível mudar a maneira de pensar sobre nós mesmos, investigar com profundidade nossas motivações e competências. Há vários meios para se alcançar o autoconhecimento. Quando necessário, busque ajuda para reduzir o tempo dessa caminhada.

AS ENTRELINHAS DO TRABALHO HÍBRIDO

As organizações de todos os segmentos e tamanhos, a partir de 2021, começam a definir com maior seriedade uma configuração estrutural que reúna atuação presencial e remota, tornando relativa a estrutura tradicional e a jornada de trabalho.

O sucesso do trabalho híbrido, mais do que nunca, dependerá de lideranças inspiradoras que facilitem a conexão entre os profissionais, seu engajamento como times, que estimulem os trabalhos colaborativos. Este será o grande desafio para as empresas e as áreas de RH. A comunicação e a automação dos processos são essenciais nesse contexto.

Sem dúvida, não caberá mais resistências às tecnologias com Inteligência Artificial, que servirão como extensão e suporte ao trabalho humano.

A segurança cibernética exigirá o uso de "nuvens" ou "*clouds*" com capacidade de armazenar informações e tornando seu acesso acessível em qualquer espaço físico e a qualquer tempo.

O aumento exponencial e a rapidez das mudanças no mundo requerem mais do que nunca que as pessoas olhem para si por meio do autoconhecimento, mas que também olhem para o outro, buscando entender outras formas de comportamento que complementam e somam para alcançar melhores resultados.

DESBRAVANDO COMPETÊNCIAS ESSENCIAIS NO PÓS-PANDEMIA

Conforme podemos observar nos relatos de profissionais da área de Recursos Humanos, duas competências são necessárias como ponto de partida para alcançar os melhores resultados: Autoconhecimento e Empatia.

Com base no autoconhecimento e na empatia, podemos efetivamente desenvolver as seguintes competências essenciais neste mundo VUCA - Volátil, Incerto, Complexo e Ambíguo:

- Resiliência, a capacidade de se manter íntegro após uma mudança e se adaptar para lidar com a volatividade do mundo contemporâneo;
- Visão estratégica para aceitar e compreender que há muitas formas de resolver problemas, a fim de lidar com a incerteza, sendo necessário fazer um planejamento;
- Multidisciplinaridade para lidar com a complexidade, unindo forças, trabalhando em times e cooperando para lidar com a diversidade;
- Liderança e coragem para ter iniciativa e tomar decisões diante de um contexto ambíguo e em constante transformação.

Para todos que pretendem iniciar no mercado de trabalho ou dar continuidade à sua carreira, as habilidades inerentes às competências do futuro definirão o que se espera do novo profissional.

A capacidade de trabalhar de forma híbrida, especialmente por meio do trabalho remoto, necessariamente vai demandar cada vez mais a autonomia dos colaboradores e disciplina para fazer as entregas, garantindo a eficácia dos resultados esperados.

As competências essenciais destacam-se por meio dos seguintes perfis, que serão pré-requisitos para a captação de profissionais por meio do processo de recrutamento e seleção:

AUTOGESTOR Organizado e disciplinado, consegue definir prazos, entrega com presteza, tem boa gestão do tempo. Produtivo em qualquer circunstância, seja no trabalho presencial, seja em *home office.*

ARTICULADOR Descomplicado, agiliza os processos por meios que evitam entraves burocráticos, realiza contatos eficazmente para facilitar processos.

ANALÍTICO Sabe filtrar as informações, traduz a avalanche de dados em perguntas e análises que apoiem um planejamento estratégico.

CONECTADO Mantém-se atualizado e atento às tendências de transformação digital, independentemente da área de atuação.

COLABORATIVO Interage com qualquer nível hierárquico ou público, buscando servir de forma espontânea, gosta de se envolver com trabalhos voluntários.

FLEXÍVEL e RESILIENTE, "CABEÇA ABERTA" Adaptável, atuante como agente de mudanças, pronto para mudanças constantes e a qualquer tempo.

INTELIGÊNCIA EMOCIONAL Sabe a importância de equilibrar o estresse, canalizando as emoções para momentos oportunos.

PROTAGONISTA Realiza ações com iniciativa, considera-se responsável pela sua parte e pelo todo.

As novas técnicas de Recrutamento e Seleção, conduzidas virtualmente em sua totalidade ou em parte do processo, já são uma prática expressiva. Muita atenção às mídias sociais, além do LinkedIn, outros meios como Instagram, Twitter, Google Boolean Search, e novos canais que estão a despontar.

Assim como a evolução da tecnologia, as técnicas de seleção precisam ser modernizadas para identificar as competências e perfis profissionais necessários para determinada situação com maior precisão. Mas além disso, é necessário planejar e acompanhar o processo meio de um cronograma que permita dar um retorno adequado a cada candidato.

O processo decisório alcança um maior índice de sucesso quando respaldado por uma gestão eficaz. É preciso identificar lideranças e competências que estejam aptas e motivadas para iniciar, planejar, executar, monitorar e concluir um projeto, evitando-se pular etapas, o que resultaria na fragilidade dos resultados, colocando em risco a governança corporativa, especificamente a imagem da empresa.

A integração de tecnologias virtuais permitirá maior conectividade e resultados com maior produtividade por meio de ferramentas que facilitam a comunicação e a colaboração, possibilitando um melhor monitoramento de todas as etapas de um processo seletivo.

Agora, as paredes e divisórias que já tinham sido derrubadas, deixaram efetivamente de ser barreiras, assim como as resistências à tecnologia, com as soluções digitais já fazendo parte do cotidiano.

CONSIDERAÇÕES FINAIS

PROCESSOS SELETIVOS: O QUE LEVAR PARA OS NOVOS TEMPOS

No mundo corporativo, há uma geração que atravessou décadas de transformações impactantes e que tem o privilégio de continuar vivenciando a construção de uma nova era. As mudanças ocorrem em ciclos cada vez menores, sendo necessário estar aberto ou até mesmo se reinventar para assimilar novas formas de fazer as coisas.

Mudança cultural e inovação tecnológica são processos que, se não forem bem planejados, abrem espaço para decisões equivocadas, muitas vezes descontinuados para dar voz a pessoas ou grupos dominantes, impondo um recuo que atrasa o processo. Porém, quando revelada uma liderança genuína, capaz de garantir um processo decisório munido de técnica e ética, o avanço é certo.

A capacidade de selecionar, reunir e engajar grupos multidisciplinares, multifuncionais e multiculturais, assegurando processos com requisitos claros e transparentes para todos, deve ser reforçada por uma liderança que incentive as boas práticas.

Para reunir competências que somam para alcançar um objetivo comum é necessário escutar, agir com empatia, compartilhar conhecimento. A formação de equipes multidisciplinares, a cooperação e o engajamento de pessoas como times de trabalho devem ser habilidades incentivadas pela liderança.

Novas técnicas de seleção estão sendo criadas e recriadas, para facilitar o processo de escolha das competências que mais se adequam às necessidades da empresa e do momento.

As competências essenciais como Resiliência, Visão Estratégica, Trabalho em equipe e Liderança, que já vinham sendo um ponto em comum entre as organizações, entremeadas por competências importantes como Cooperação, Comunicação, Iniciativa, Inovação, Engajamento e Adaptabilidade, permanecem como aspectos indispensáveis para a implementação das mudanças nas organizações e para alcançar os resultados desejáveis.

Todas as competências desenvolvidas são inerentes ao processo evolutivo do ser humano. Há de se considerar que sempre haverá algum aspecto subjetivo na decisão final, sobre qual candidato será escolhido para determinada oportunidade.

Entretanto, é preciso sempre considerar que lidar com seres humanos exige empatia e respeito.

A VIDA É COMO UM "*GAME*", COMO CHEGUEI ATÉ AQUI

SOBRE A AUTORA DESTA COLETÂNEA

Sou carioca, nasci num bairro boêmio do Rio de Janeiro, Vila Isabel, terra de Noel Rosa. Meus avós maternos chegaram da Síria para trabalhar no Brasil, depois chegaram meus pais do mesmo país, mas só se conheceram aqui. Meu pai tinha pouca escolaridade e minha mãe nunca frequentou uma escola. Mas tinham a convicção de que o melhor que poderiam dar a mim e ao meu irmão seria a educação, por isso estudamos nos melhores colégios e depois em Universidades Públicas, o que muito nos orgulha.

Meus pais sempre tiveram um bom relacionamento com vizinhos e amigos, até hoje tenho uma rede de amizades e parentes "postiços" de longas datas. Quando entrei no mercado de trabalho, continuei agregando amizades e mantenho uma considerável rede social.

Na infância, eu era muito tímida, mas ainda assim conquistei muitas amizades e me orgulho de ter ainda hoje uma amiga do Jardim de Infância. Adorava brincar de bonecas, professora, cirandas, piques e jogos. Mais tarde, o autoconhecimento ajudou-me a entender que a timidez não significava introversão. Sempre me senti energizada por meio de outras pessoas e era conciliadora quando havia alguma discórdia entre amigas.

A adolescência foi incrível, tempo de *Hi-Fi, Rock, Dancin'Days.* Nunca tivemos casa de campo ou praia, mas tínhamos amigos e minha mãe confiava que eu viajasse com essas famílias. Então tinha temporada na casa do avô de minha amiga em Pedra de Guaratiba, quando passávamos pela Barra da Tijuca e não havia quase prédios... E muitos verões em Saquarema, onde tínhamos uma turma muito animada.

Desde os 14 anos, quando fiz uma barganha com minha prima e fiquei com um livro de Sigmund Freud, percebi que queria estudar o comportamento humano. Fiquei encantada com a Psicologia. Foi uma grande conquista passar para a Universidade do Estado do Rio de Janeiro, onde comecei minha formação e passei no processo seletivo para estágio numa grande multinacional, a Coca-Cola Indústrias.

Dessa forma, comecei minha carreira em Recursos Humanos, interagindo com pessoas, vivenciando culturas, processos de mudanças, enfrentando desafios, perdendo e ganhando espaços nunca imaginados. Graduei-me e logo fui aprovada para o Mestrado na FGV/RJ, sempre motivada para aprender mais, atualizar-me, abrir novos caminhos.

Aos 28 anos casei, fiz viagens pelo mundo todo, tive um casal de filhos e construí meu castelo. Depois de 11 anos de muito amor e conquistas, o conto de fadas terminou. Fiquei viúva, mas descobri que os alicerces do castelo eram fortes. Nessa época, eu estava passando por uma transição de emprego, mas eu tinha minha profissão, dois filhos pequenos, pais amorosos e amigos que me apoiaram no que foi possível.

Continuei avançando em minha carreira, novos empregos em grandes empresas, novos projetos. Mas a proteção de meus filhos estava sempre em primeiro plano, defendendo-os como uma leoa. Jamais medi esforços para dar a melhor educação e direcioná-los para serem pessoas de caráter e íntegros.

Depois de vencer tantos desafios na vida, com a certeza de que uma força superior está sempre nos amparando, reencontrei uma amiga que eu havia selecionado para a empresa em que tinha trabalhado anos atrás. Ela insistiu para eu ir à sua festa de aniversário no Clube Naval e, nesse dia, por acaso ou destino, conheci meu atual marido. E juntos continuamos no jogo da vida, sonhando, buscando, aprendendo e avançando.

Tenho o privilégio de ter vivenciado várias mudanças pessoais e organizacionais neste mundo em constante transformação. Eu estava lá, em instituições de ensino e empresas, quando chegaram as novas tecnologias da informática. Participei da implementação de novos processos e métodos para a gestão de pessoas nas organizações. Hoje tenho minha própria consultoria e tenho parcerias que somam às minhas competências. E sigo aprendendo e me atualizando, sempre.

Nadia Darwiche.

REFERÊNCIAS BIBLIOGRÁFICAS

BERGAMINI, C.W., *Motivação nas Organizações*, SP, Atlas, 2008

CASTELLS, Manuel, *A Sociedade em Rede*, São Paulo, Paz e Terra, 1999

DEJOURS, Christophe, *O Fator Humano*, RJ, ed. FGV, 2005

DUTRA, Joel Souza, *Competências: Conceitos e Instrumentos para a Gestão de Pessoas na Empresa Moderna*, SP, Atlas, 2004

GRAMIGNA, MR, *Modelo de Competências e Gestão dos Talentos*, SP, Pearson, 2007

... *Manual de Jogos de Empresa*, MRG, 2019

GOLEMAN, Daniel, *A Inteligência Emocional*, RJ, Ed. Objetiva, 1996

JUNG, Carl Gustav, *Sincronicidade*, 5a. edição. Petrópolis, RJ: Vozes, 1991. Vol. VIII/3

NOVAES, Adauto, *Ética – Coletâneas*, SP, Companhia das Letras, 1992

PELI, Paulo Teixeira, P., *Assédio Moral: Uma Responsabilidade Corporativa*, SP, Ícone, 2006

XAVIER, C.M.S., *Gerenciamento de Projetos: Como Definir e Controlar o Escopo do Projeto*, SP, Saraiva, 2009

WEBGRAFIA

Darwiche, Nadia, *Alguém Furou a Fila,* artigo publicado em 06/12/2020,
https://www.linkedin.com/pulse/algu%C3%A9m-furou-fila-nadia-darwiche/

Ibri, Ivo Assad, *Pragmatismo e Técnica,*
https://hypnos.org.br/index.php/hypnos/article/view/306/322

Madeira, Lúcia, *Selecionando Vidas,* artigo publicado pela *Revista Melhor* em 18/07/2011,
Https://revistamelhor.com.br/selecionando-vidas/

Medeiros, Amanda, *Sincronicidade,*
https://cartasdepsicologia.com.br/sincronicidade

Naschberger, Christiane, atualizado em 9 dez 2020,
https://vocerh.abril.com.br/diversidade/o-mundo-do-trabalho-sera-mais-inclusivo-no-pos-pandemia/

CRÉDITO DAS IMAGENS

p.19 Image by Gerd Altmann from Pixabay
p.31 Image by mohamed Hassan from Pixabay
p.43 Image by Clker-Free-Vector-Images from Pixabay
p.53 Image by Oberholster Venita from Pixabay
p.63 Image by mohamed Hassan from Pixabay
p.71 Image by Clker-Free-Vector-Images from Pixabay (balão)
p.71 Image by Tumisu from Pixabay (pessoa)
p.81 Image by kdbcms from Pixabay
p.88 Image by Clker-Free-Vector-Images from Pixabay

LISTA DOS AUTORES EM ORDEM ALFABÉTICA

Aline Lima
Andrei Helayel
Cláudia Fernandes
Cláudia Peres
Delaíse Pimentel
Eduardo Almeida
Eliza Castanheira
Jussara Xavier
Lúcia Madeira
Márcio Sant'Anna
Marisa Espíndola
Nadia Darwiche
Teresa Scofano
Valter Freire
Vania Sundfeld

O conteúdo dos textos desta coletânea é de responsabilidade exclusiva dos autores, tendo sido tácita ou explicitamente aprovada por cada autor.

A participação dos profissionais que contribuíram com seus relatos, textos e opiniões foi fundamental para a elaboração deste livro.

Agradeço por terem permitido a divulgação de seus textos, com o devido crédito e respectivas minibiografias.

Entre em sintonia com o Mundo

Qualitymark Editora Ltda.

Rua Carlos Machado, 155 – sala 207
Polo Cine e Vídeo – Jacarepaguá
22775-042 – Rio de Janeiro – RJ
Tels.: (21) 3597-9055 / 3597-9056
Vendas: (21) 3296-7649

E-mail: quality@qualitymark.com.br
www.qualitymark.com.br

Dados Técnicos:

• Formato:	14 x 21 cm
• Mancha:	9,5 x 18 cm
• Fonte:	Minion Pro
• Corpo:	11
• Entrelinha:	13
• Total de Páginas:	96
• 1ª Edição:	2021